AF265711

HENRI GERMAIN

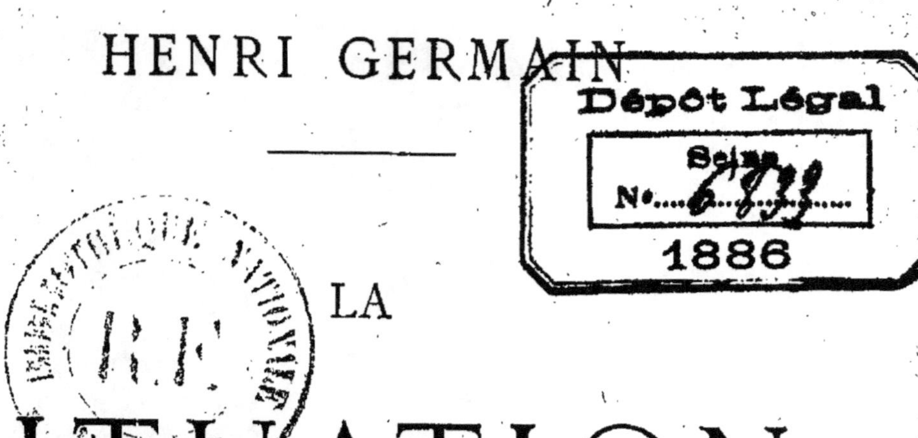

Dépôt Légal
Seine
N° 6933
1886

LA
SITUATION
FINANCIÈRE
DE LA FRANCE EN 1886

PARIS

A LA LIBRAIRIE ILLUSTRÉE
7, RUE DU CROISSANT, 7

1886

LA
SITUATION
FINANCIÈRE.
De la France en 1886

I

A M. le Directeur du *Temps*,

Au moment où s'ouvre devant la Chambre des députés la discussion du budget de 1887, il est utile, pour se rendre compte de la situation financière de la France, de jeter un coup d'œil sur la marche suivie dans l'administration de la fortune publique depuis le 1er janvier 1874.

En parcourant rapidement cet espace de douze années, on aperçoit les fautes commises et les moyens de les réparer. Le point de départ choisi pour cet examen rétrospectif n'a rien d'arbitraire. C'est en 1874 que notre pays, délivré de l'invasion et n'étant plus condamné à établir de nouveaux impôts, a repris possession de lui-même et s'est livré en paix à ses travaux.

J'aborde cette étude avec une entière confiance dans les ressources de la nation française ; je suis convaincu qu'aucun peuple n'est plus laborieux ni plus économe, qu'aucun ne gère avec plus de prudence ses affaires privées, et, si les finances publiques ne sont pas conduites avec sagesse, c'est qu'on a laissé ignorer aux contribuables la vérité.

Pour connaître le chiffre exact des recettes et des dépenses de l'État, il devrait suffire aux citoyens de lire trois ou quatre chiffres ; on serait sûr ainsi que les mêmes hommes qui, chaque année, économisent sur leurs revenus ne permettraient pas qu'en temps de paix on empruntât sans cesse des sommes considérables.

Je veux, dans ce premier article, me borner à mettre en évidence le chiffre exact des recettes et des dépenses de l'État.

Beaucoup de personnes s'imaginent sans doute qu'il est facile de connaître la situation financière de la France. Eh bien, j'ignore s'il y a dix personnes sur les 10 millions d'électeurs qui sachent exactement ce que l'État emprunte chaque année, et, au risque de paraître exagéré, j'affirme qu'il n'y a pas cent personnes en mesure de connaître comment chaque exercice se solde en excédent ou en déficit : en effet, pour se rendre compte de la situation financière, il faut d'abord retrancher des recettes tout ce qui n'est pas légitime, tout ce qui provient des emprunts, et n'admettre que le produit des impôts et des propriétés nationales. Il faut ensuite, au prix de grandes difficultés, totaliser les dépenses réparties entre une foule de budgets, de comptes et de caisses vides. Il ne suffit plus, à cette heure, de réunir le budget extraordinaire pour connaître le montant des dépenses ; il faut encore additionner une série de chiffres classés sous les dénominations les plus diverses, telles que, grands réseaux, chemins de fer algériens, chemins de fer de l'État, garanties d'intérêts, caisse des lycées et des écoles, caisse des chemins vicinaux, avances des chambres de commerce. On doit, par contre, retrancher tous les remboursements et amortissements. C'est le résultat de ce long travail que je trancris ici, afin de permettre à tout contribuable de saisir en un clin d'œil la marche des affaires de l'État.

Le tableau ci-après divise les dépenses en trois catégories : la première contient les dépenses comprises dans le budget ordinaire ; la deuxième, celles qui figurent dans les comptes de liquidation et le budget extraordinaire ; la troisième, celles qui ne sont pas inscrites dans les deux premières catégories. La quatrième colonne contient le total des trois colonnes précédentes ; la cinquième est consacrée aux recettes ; la sixième et la septième indiquent les excédents ou les déficits de chaque exercice.

EXERCICES	DÉPENSES (En millions de francs)				RECETTES (En millions de francs)		
	BUDGET ordinaire.	Compte de liquidation et budget extraordin^re	Extra-budgétaires.	TOTAL	RECETTES	EXCÉDENTS	DÉFICITS
1874	2.377	117	14,2	2.509	2.506	»	3
1875	2.397	265	13,2	2.675	2.700	25	»
1876	2.524	325	44,2	2.863,5	2.775	»	88,5
1877	2.560	309	38,4	2.907,4	2.780	»	127,4
1878	2.625	552	59,5	3.236,5	2.851	»	385,5
1879	2.701	453	72,1	3.226	2.842	»	384
1880	2.641	537	93,7	3.271,7	2.888	»	383,7
1881	2.739	738	103	3.580	2.909	»	671
1882	2.893	663	112	3.668,4	2.916	»	752,4
1883	2.935	615	158,5	3.708,5	2.958	»	750,5
1884	2.979	416	284	3.679	2.958	»	721
1885	3.083	257	234,4	3.574,4	2.975	»	599,4
	32.454	5.247	1.197,2	38.898,4	34.058	25	4.866,4

Soit une différence de.......... 4.841

EXERCICES							
	Évaluations	Évaluations	Environ	Environ	Environ		Environ
1886	3.028	211	500	3.739	2.975	»	789
1887	3.032	175	500	3.700	3.000	»	700

NOTA. — Le tableau des dépenses comprend toutes les dépenses figurant dans tous les budgets, caisses, etc ; on en a retranché les remboursements et amortissements. — Le tableau des recettes comprend exclusivement le produit des impôts et des revenus des domaines ; on en a retranché tout ce qui, sous une forme quelconque, est un produit d'emprunts.

Ceux qui douteraient de l'exactitude rigoureuse de ces chiffres pourront facilement les contrôler en lisant le tableau suivant, qui présente l'augmentation de la dette de l'État, du 1er janvier 1874 au 31 décembre 1885 :

Emprunts réalisés directement ou par des tiers du 1er janvier 1874 au 31 décembre 1885, déductions faites des amortissements et des remboursements.

Produit net du 3 0/0 amortissable.........	3.215.000.000
Produit net des obligations trentenaires 1877............................	74.000.000
Produit net des obligations trentenaires 1885............................	50.000.000
Obligations à courts termes existant au 1er mars 1886........................	466.000.000
Avances de la Compagnie algérienne.......	10.000.000
Avances des chambres de commerce.......	50.000.000
Avances en travaux des Compagnies de chemins de fer (France).................	220.000.000
Avances en *espèces* des Compagnies de chemins de fer (France).................	102.000.000
Avance en travaux des Compagnies de chemins de fer (Algérie)................	275.000.000
Dette flottante, y compris la Banque de France...........................	332.000.00.
Total........	4.784.000.000

Ainsi se vérifient mathématiquement les chiffres des recettes et des dépenses. Si on ajoute maintenant aux 4.800 millions empruntés au 31 décembre

1885 le déficit probable des années 1886 et 1887, et si, en même temps, on retranche la valeur du réseau des chemins de fer de l'État, on trouve qu'en 10 ans, de 1878 en 1887, l'écart entre les recettes et les dépenses sera de 6 milliards. En d'autres termes, on aura augmenté, en pleine paix, de 600 millions par an le chiffre de la dette.

En présence de pareils résultats, on peut se demander comment, depuis plusieurs années, on a eu le courage de présenter le budget en équilibre, que dis-je ? en excédent ; et, pour ne parler que de l'exercice 1887, la commission du budget prétend qu'en regard d'une dépense de 3.032 millions il y aura une recette de 3.034 millions, soit un excédent de 2 millions. Elle parle, il est vrai, de la nécessité de maintenir le budget extraordinaire, c'est-à-dire d'emprunter 175 millions ; mais elle se tait sur les dépenses extrabudgétaires, qui s'élèveront à 400 ou 500 millions. Avais-je tort de dire en commençant que le pays n'était pas exactement renseigné sur ses affaires ? Le premier devoir du gouvernement et du Parlement est d'introduire désormais la *clarté* dans l'exposé de la situation financière.

Il faut que chaque Français puisse savoir sans efforts ce que produisent les impôts et comment ils sont employés. Il suffit, on l'a vu plus haut, pour le renseigner, d'une ligne contenant trois chiffres : les dépenses, les recettes et la différence entre ces deux sommes. Je veux espérer qu'à l'avenir on ne refusera point à la nation la lumière, et qu'on remplacera la distribution des énormes volumes, bleus ou blancs, que personne ne lit, par trois chiffres qui représenteront la fortune publique. J'espère encore qu'au lieu de discuter, dans la commission du budget et devant les Chambres, exclusivement le budget ordinaire de 3 milliards, qui est presque incompressible, on examinera dorénavant, et on réduira, dans de larges proportions, les 700 millions de dépenses qui sont hors du budget et qui passent presque inaperçues. Ces dépenses n'ont été, jusqu'à ce jour, ni discutées ni réduites, parce qu'au lieu d'être payées par l'impôt elles sont soldées exclusivement par des emprunts, le plus souvent dissimulés.

J'examinerai dans d'autres articles comment, dans l'espace de douze ans, les dépenses annuelles se sont accrues de 1.200 millions; ce qu'il y a de légitime et d'excessif dans cette augmentation; puis, je montrerai par quelles mesures on peut, sans affaiblir les services publics, retrancher annuellement des dépenses extrabudgétaires 3 ou 400 millions; j'indiquerai le moyen d'augmenter, sans impôts nouveaux et sans élever les taxes actuelles, les recettes du Trésor de près de 100 millions par an. Enfin, j'essayerai d'énumérer les conséquences nombreuses qui résultent de l'équilibre réel du budget.

Pour montrer comment, lorsque les finances de

l'État sont gérées avec prévoyance, le taux des salaires s'élève, le loyer des capitaux s'abaisse, le crédit de l'État grandit, la valeur des terres augmente, l'agriculture et l'industrie se développent, comment, en un mot, la prospérité apparaît sous toutes les formes, je n'aurai qu'à indiquer ce que la République démocratique des États-Unis et la monarchie aristocratique allemande ont accompli depuis dix ans.

II

Dans une première lettre, j'ai montré que, dans l'espace de huit années, de 1874 à 1882, les dépenses s'étaient élevées en France de 2.500 millions à 3.700 millions ; il a suffi de ce court délai pour augmenter de 1.200 millions le budget annuel de notre pays. Depuis 1882, le chiffre des dépenses est resté stationnaire.

La guerre de 1870 et l'invasion avaient déjà augmenté la charge des contribuables de 600 millions, puisque le budget de 1869 était de 1.900 millions. Voilà une nation mutilée qui a supporté, dans une période de douze ans, le poids de 1.800 millions de charges nouvelles, et, grâce à son travail opiniâtre et à sa sagesse, elle n'a pas fléchi, malgré l'imprévoyance des hommes qui l'ont gouvernée.

Je veux expliquer aujourd'hui comment, en pleine paix, les dépenses de la France se sont augmentées d'une somme presque égale au chiffre du budget entier de deux grandes puissances de l'Europe : la Prusse et l'Italie.

Tandis que les dépenses de la France ont grandi de 1.200 millions, les budgets des cinq autres grandes puissances se sont accrus, dans le même laps de temps, dans une proportion bien différente. Elles se sont élevées de 350 millions en Angleterre, de 200 millions en Prusse, de 550 millions en Russie, de 350 millions en Autriche-Hongrie, de 250 millions en Italie.

Il est facile de ranger dans sept chapitres le développement des dépenses de l'Etat. Un premier chapitre peut comprendre l'augmentation des frais pour la perception des impôts. Rien n'est plus nécessaire ni plus légitime que l'accroissement de 100 millions inscrits de ce chef dans le budget. Si aujourd'hui on vend plus de tabac, si on expédie plus de télégrammes, si on distribue plus de lettres et si on perçoit ainsi plus de recettes, il faut, par contre, acheter plus de tabac, construire de nouvelles lignes télégraphiques, transporter plus de lettres. Toutes ces dépenses sont reproductives avec usure; loin de les regretter, il faut s'en réjouir.

Je ne m'appesantirai pas sur une autre augmentation de pareille somme qui s'applique à cinq ou six ministères, petits, si on devait les juger sur leurs dépenses, et grands, si on examine les services qu'ils rendent : les affaires étrangères, la justice, les cultes, l'agriculture, le commerce, l'intérieur, réclament aujourd'hui 100 millions de plus qu'en 1874. Je ne sais si on pourrait retrancher quelques millions sur ces divers ministères; dans tous les cas, ce ne sont pas eux qui ont troublé l'équilibre budgétaire.

J'arrive à la guerre et à la marine, qui coûtent, en 1887, 150 millions de plus qu'en 1874 et qui, dès 1875, dépensaient déjà comme aujourd'hui 900 millions.

Dans l'état actuel de l'Europe, à la veille du jour où paraît s'imposer le renouvellement de nos fusils, de nos places fortes, de notre matériel naval, au moment où, pour répondre à ces besoins, le ministre de la guerre va peut-être demander 400 millions de nouveaux crédits, et le ministre de la marine 200 millions, je n'oserais pas proposer de réduire le sacrifice qu'exige la sécurité nationale. Le matériel de guerre, comme l'outillage industriel, est obligé de suivre la marche de la science et de se transformer avec elle. Nous aurons deux fois, dans le cours d'une génération, changé notre matériel de guerre, et, dans quelques années, sous peine de déchoir et d'être dépassé par ses rivaux, le soldat, comme l'industriel, sera forcé de le renouveler encore. Les faits se chargent de dissiper les illusions de ceux qui croyaient que de telles dépenses n'étaient pas permanentes et qu'elles pouvaient figurer au budget extraordinaire.

J'ajouterai que la France, malgré l'énorme dépense de 900 millions, n'est pas aujourd'hui plus forte, relativement aux autres puissances, qu'elle ne l'était avec un budget de 600 millions, lorsqu'elle n'avait à supporter ni le poids de l'unité italienne, ni surtout celui de l'unité allemande.

L'Allemagne, avec sa population de 45 millions, dépense, pour la guerre et la marine, moins de 700 millions, en y comprenant la réfection de son matériel.

La Russie, avec ses 90 millions d'âmes, dépense 900 millions. — L'Angleterre, 750 millions. — L'Autriche-Hongrie et l'Italie, à peine la moitié des sommes précédentes.

Si le budget de la guerre est tenu à l'écart de la politique, s'il est bien employé, si notre diplomatie évite les aventures au dehors, si notre gouvernement nous préserve de l'anarchie au dedans, la France, appuyée sur une race militaire qui naguère faisait ses preuves en Crimée, à Magenta, au Tonkin, aura bientôt repris son rang et rétabli, au grand profit de l'Europe, l'équilibre rompu par les événements de 1866 et de 1870.

Le budget de l'instruction publique s'est aussi accru de plus de 100 millions. Pendant que les dépenses étaient quintuplées, le nombre des élèves, les traitements des maîtres ont-ils suivi la même progression? Hélas! non, le résultat n'a pas été en proportion du sacrifice. Le but qu'on poursuivait était digne des plus grands éloges, mais on a voulu l'atteindre sans compter avec le temps et sans se servir de tous ceux qu'on pouvait associer à cette œuvre.

Il était certainement possible de moins dépenser et d'obtenir davantage. Aujourd'hui, les questions ne sont plus entières, il est difficile de revenir en arrière et on ne saurait réaliser sur ce budget une forte réduction. On peut seulement souhaiter qu'avec un budget de 170 millions les maîtres soient mieux payés, et les élèves plus nombreux et mieux instruits.

Les pensions civiles et militaires, qui s'élevaient en 1874 à 108 millions, absorbent aujourd'hui 210 millions. On a doublé cette dépense; une telle augmentation est excessive; on ne saurait la justifier. Si on n'avait pas trop recherché la popularité, si on n'avait pas eu besoin de placer en grand nombre des agents électoraux, si on n'avait pas cédé aux exigences du parti révolutionnaire, ce chapitre ne présenterait pas une telle augmentation.

Là encore on se trouve aujourd'hui en présence de droits créés, de situations acquises; il devient difficile de retrancher ce qu'on ne devait pas accorder hier. Mais qu'on ne persévère pas dans une voie également nuisible aux finances de l'État et au bon recrutement des fonctionnaires publics.

C'est là déjà une augmentation de dépenses de 550 millions! Avec beaucoup d'énergie et de persévérance, on pourrait probablement réduire de 50 millions cette somme.

J'aborde le budget des travaux publics, qui s'est élevé de 200 millions à 650 millions. Cette augmentation illégitime de près de 450 millions a bouleversé nos finances, au grand détriment de la richesse publique. Les auteurs responsables de cette exagération de dépenses ont conscience de leur faute. Au lieu de se vanter de leur œuvre et de mettre en évidence ces 650 millions, ils les dissimulent soigneusement. Ils savent que si le pays connaissait la vérité, s'il voyait qu'avec ces 650 millions on ne construit pas aujourd'hui plus de chemins de fer qu'avec les 200 millions de 1875, qu'entre ces deux époques il n'y a qu'une différence : c'est qu'au lieu de construire des lignes utiles, on ouvre maintenant des lignes sans trafic, on ne pourrait pas longtemps continuer une entreprise aussi ruineuse,

Par quel artifice de comptabilité est-on parvenu

à faire illusion au public, aux Chambres et à la commission du budget elle-même ? Rien n'est plus facile à expliquer. Plus les dépenses augmentaient et plus on diminuait le budget de travaux publics ! Ce budget figurait en 1875 pour 200 millions; il n'est plus inscrit aujourd'hui que pour 120 millions. Ainsi, pendant que les dépenses augmentent en réalité de 450 millions, on les diminue en apparence de 80 millions. Je demande à tout homme de bonne foi si une telle comptabilité a pour but d'éclairer le contribuable !

Pendant qu'on diminuait le budget ordinaire, le budget extraordinaire croissait dans d'énormes proportions. Il n'était à l'origine que de 20 millions. A partir de 1878, c'est-à-dire quand on a commencé à créer le réseau de l'État et les chemins de fer improductifs, il s'est élevé à 500 millions; puis, quand on s'est aperçu que les emprunts publics et répétés, contractés sous forme de rente, inquiétaient l'opinion, alors, pour cacher cette dépense ruineuse, on a imaginé de faire emprunter par les grandes Compagnies pour le compte de l'État et à la charge des contribuables. Il faut qu'on le sache; contrairement à ce que le public pense et à ce qu'on lui déclare, les dépenses n'ont pas été réduites d'un centime. En 1887, on dépensera encore, en dehors du budget ordinaire, plus de 500 millions; il suffit pour s'en convaincre d'additionner les dépenses du budget extraordinaire, des grandes Compagnies, des garanties d'intérêt des chemins de fer algériens et du réseau d'État.

Le député qui se vante dans son arrondissement de la création à grands frais d'un chemin de fer sans trafic, se tait, à la Chambre, sur les 500 millions qu'on demande à l'emprunt, nul n'élève la voix, au nom de l'intérêt national, nul ne signale le danger d'un pareil gaspillage de la fortune publique.

La commission du budget, au zèle et aux lumières de laquelle je suis heureux de rendre hommage, passe son temps à discuter le budget ordinaire et à retrancher 15 millions sur 3 milliards ; elle sait fort bien, du reste, que cette économie, qu'elle inscrit dans ses rapports, se transforme, en réalité, en une augmentation de plus de 100 millions, grâce aux crédits supplémentaires et extraordinaires. Depuis 1878, on continue cette dépense de 650 millions au lieu de la réduire à 300 millions ; une réduction de dépenses de 350 à 400 millions sur ce chapitre n'affaiblirait pas l'outillage national ; on ne construirait pas moins de lignes de fer, mais on dépenserait pour le compte de l'État 30 ou 40.000 fr. par kilomètre au lieu de 300 à 400.000 fr. La Société des chemins de fer économiques nous en fournit un exemple.

Enfin, les emprunts incessants contractés depuis 1878 ont entraîné une augmentation de près de 200 millions dans le service de la dette, malgré la conversion du 5 0/0. Le jour où les réductions indiquées plus haut auront été réalisées, la Rente 3 0/0, dégagée de la concurrence créée par les émissions de titres garantis par l'Etat, s'élèvera rapidement au pair. Alors, par la conversion des 340 millions de 4 1/2 0/0 en 3 0/0, on réalisera, sans augmenter le capital de la dette, une économie annuelle de 100 millions. Le porteur actuel de 4 1/2 0/0 sera heureux de recevoir un peu au-dessous du pair du 3 0/0. Il est inutile de dire qu'on tiendra compte aux porteurs de 4 1/2 0/0 nouveau du 1 fr. 50 qui leur est dû pendant six ans encore.

Ces 500 millions d'économie réalisés, nous n'aurons pas le droit de nous enorgueillir, car nous aurons augmenté en douze ans notre budget de 700 millions, tandis que les autres grandes puissances ne l'ont augmenté que de la moitié de cette somme.

III

Avant de poursuivre cette étude, il est nécessaire de rappeler les faits constatés dans mes deux premières lettres.

On a vu que la dépense annuelle de la France

s'élevait, dès 1882, à 3.700 millions, et qu'elle n'a pas varié à partir de cette époque. Depuis cinq ans, il existe un écart constant de 700 millions entre les recettes et les dépenses, et par conséquent un emprunt annuel de pareille somme.

La guerre de 1870 et l'invasion avaient augmenté le budget de la France de 600 millions ; une gestion imprudente l'a accru, en pleine paix, de 1.200 millions, c'est-à-dire d'une somme double de ce qu'avaient coûté la guerre et le payement de la rançon, et d'une somme presque quadruple de celle qu'ont eu à supporter, pendant le même espace de temps, les cinq autres grandes puissances de l'Europe.

Rien n'autorise à penser qu'on cherche à modifier une telle situation. On continue à ne discuter que le budget ordinaire de 3 milliards, qui est en équilibre. On laisse systématiquement de côté tous les autres budgets ou caisses, qui sont exclusivement alimentés par l'emprunt. On ne craint pas de dire sérieusement que, pour mettre le budget en équilibre, il suffit de trouver des économies ou des ressources pour une somme de 70 à 80 millions. Sur ce point, le gouvernement et la commission du budget sont d'accord, l'opposition elle-même accepte ce point de départ pour la discussion. Tout le monde a l'air d'être complice ou dupe du système actuel de comptabilité, qui peut se traduire ainsi : on dresse le budget en inscrivant toutes les recettes, puis on ne met en regard qu'une somme égale de dépenses, et comme on est résolu à ne pas faire d'économies et à ne pas créer d'impôts, on cache au public la situation ; on rejette 700 millions de dépenses dans un plus ou moins grand nombre de budgets, de comptes ou de caisses que tout le monde à l'air d'ignorer ou d'oublier.

Qui a jamais, dans la commission du budget ou à la Chambre, discuté les 260 millions que les grandes Compagnies sont autorisées à dépenser en 1887 au compte de l'Etat et à la charge des contribuables ? — Qui s'est occupé des 104 millions consacrés aux garanties d'intérêt ? — Qui, en un mot, a demandé à connaître l'emploi exact des 500 millions consacrés aux travaux publics et qui sont en dehors du budget ? Qui s'est inquiété du produit d'une pareille dépense ?

La commission du budget a passé de longs mois à discuter le budget ordinaire ; a-t-elle consacré une seule séance à l'examen des 700 millions qui ne figurent pas à ce budget ? Elle a diminué de 15 millions une dépense de 3 milliards ; elle n'a pas touché aux 700 millions de dépenses qui devraient, dès demain, subir une réduction d'au moins 400 millions. Jusques à quand la commission du budget et le Parlement se livreront-ils à des débats et à des travaux stériles ? Jusqu'au jour où l'opinion publique les forcera à économiser 400 millions qui ne peuvent se justifier ; elle n'a qu'à se prononcer, et aussitôt les mêmes députés, toujours à la recherche de-la popularité, seront aussi économes à l'avenir qu'ils ont été prodigues dans le passé.

J'ai indiqué les moyens de ramener, dès l'an prochain, les dépenses de la France de 3.700 millions à 3.200 millions sans affaiblir aucun service public. Je laisse à de plus habiles le soin de réduire davantage cette dépense formidable et de l'abaisser à 3 milliards. S'ils y parviennent, je serai pleinement satisfait et, au risque de déplaire à ceux qui se font fort de comprimer cette dépense de 3 milliards, je me réjouirai d'une économie annuelle de 700 millions sur les dépenses actuelles de la France.

Jusqu'à présent je n'ai parlé que des dépenses, c'est-à-dire de l'œuvre du gouvernement. Il est temps de jeter un coup d'œil sur les recettes, qui sont l'œuvre de la nation. Si nous avons eu à constater les défaillances de ceux qui nous ont gouvernés, nous n'aurons qu'à nous féliciter en voyant la vigueur et la sagesse de notre pays.

Les cettes de l'Etat étaient, en 1869, de 1.800 millions. L'Assemblée nationale, sous la direction de Thiers, les avaient portées en 1874 à 2.500 millions. Quel a été depuis lors le développement des ressources mises par la nation à la disposition des services publics ? Sans aucune augmentation d'impôts, les recettes du budget se sont accrues d'environ 750 millions en dix ans. Pendant le même espace de temps, les recettes n'augmentaient en moyenne que de 400 millions dans les cinq autres grandes puissances : l'Angleterre présentait un accroissement de 350 millions, la Prusse de 375, la Russie de 550, l'Autriche de 500, l'Italie de 300. Comment ne pas être frappé de la contradiction qui existe entre la nation française et son gouvernement ? Tandis que la nation peut servir de modèle aux autres peuples, tandis qu'elle présente un développement de richesse presque double de celui qu'offrent les autres puissances, les hommes qui dirigèrent les affaires publiques de 1877 à 1882 ont été, de tous les gouvernants, les plus dépensiers. Qu'a-t-on fait de cet accroissement de ressources de 750 millions ?

250 millions environ on été employés à des dégrèvements, 500 ont servi à faire face à l'augmentation des dépenses. De 1878 à 1881, en quatre ans, on a dégrevé de 250 millions les contribuables, et pendant ces mêmes années on a augmenté les dépenses de 750 millions ; on a ainsi créé entre les recettes et les dépenses un écart d'un milliard par an. En 1880, on a supprimé d'un trait de plume près de 150 millions de recettes, alors que les dépenses dépassaient déjà les recettes de près de 400 millions. Les dégrèvements et les travaux improductifs ont seuls créé en quatre ans le déficit de 700 millions qui existe depuis 1882.

S'il est légitime de diminuer les impôts quand un excédent de recettes existe, que dire de dégrèvements opérés en face d'un déficit de 400 millions?

Quand le pays éclairé voudra mettre de l'ordre dans ses affaires, il reprendra le budget de 1877, dont l'ensemble des dépenses s'élevait à 2.900 millions. Qu'on ne s'imagine pas qu'alors on dépensait moins pour la guerre et la marine. Ces deux grands services coûtaient un milliard ; ils demandent aujourd'hui 900 millions. Cette diminution de 100 millions compense exactement l'augmentation survenue dans le budget de l'instruction publique.

Que faire maintenant pour augmenter les recettes et trouver les 70 ou 80 millions que le gouvernement et la commission du budget recherchent par des moyens différents ? Il suffit de rétablir l'ancien mode de perception de l'impôt sur le sucre. Les contribuables ignorent probablement qu'à cette heure ils acquittent 200 millions d'impôts sur le sucre et que 120 millions seulement entrent dans les caisses du Trésor. Les deux cinquièmes de cet impôt sont perçus au profit d'un petit nombre de citoyens, pour lesquels on a rétabli les fermes générales de l'ancien régime, abolies par la Révolution.

J'espère que l'honorable ministre des finances n'hésitera pas à demander au rétablissement de l'ancien mode de perception du droit sur les sucres les 70 ou 80 millions qui lui sont nécessaires. Tant qu'on n'aura pas fait les 500 millions d'économie

qu'on peut réaliser dès demain, tant qu'on n'aura
pas fait rentrer dans les caisses du Trésor la tota-
lité des impôts payés par les contribuables, qui
oserait proposer de taxer davantage une nation qui
supporte 1 milliard 200 millions de charges de plus
qu'en 1870?

L'abandon d'une grande partie de l'impôt prélevé
sur le sucre n'a pas seulement appauvri le Trésor,
il a en outre laissé croire au public que le rende-
ment des impôts était, en 1886, inférieur au rende-
ment des exercices précédents, lorsque en réalité il
est plutôt supérieur ; on a ainsi faussé non seulement la recette, mais l'opinion ; il importe de rec-
tifier l'une et l'autre, de faire rentrer dans le Trésor ce qui lui appartient, et de faire savoir à la nation que la crise touche à sa fin, que bientôt, si le
gouvernement est prudent, les plus-values de recettes vont reparaître et qu'on pourra enfin, sans
impôt nouveau, rétablir l'équilibre réel du budget.

IV

Je m'aperçois qu'en cherchant les moyens de res-
taurer nos finances, je n'ai pas parlé de l'impôt sur
le revenu. Les promoteurs de cet impôt ont cepen-

dant fait une trouvaille qui ne devrait pas leur mériter moins d'honneur que s'ils avaient découvert la Méditerranée. Avoir vu que l'impôt doit peser sur l'*infâme capital* ou l'*odieux revenu* est digne d'illustrer les auteurs de cet apercu; mais combien mériterait plus d'éloges celui qui inventerait un impôt qui ne frapperait ni le revenu ni le capital. Jusqu'à ce jour, toutes les taxes pèsent exclusivement sur le revenu ou sur le capital; elles ne diffèrent que par les moyens employés pour constater le revenu ou le capital et par la quotité des prélèvements; la formule d'impôt sur le revenu, prise à la lettre, est donc vide de sens, mais on désigne en ce moment en France par ces mots une doctrine sur laquelle il est bon de s'expliquer.

Rappelons d'abord les principes qui régissent notre législation fiscale. Depuis 1789, personne en France ne discute plus le principe de la proportionnalité de l'impôt, tout le monde reconnaît que chacun doit contribuer aux charges de l'Etat en proportion de sa fortune. On a même fait un pas de plus : on admet qu'il faut affranchir de l'impôt les nécessités de la vie, c'est-à-dire la portion du revenu qui doit subvenir aux plus pressants besoins. Tous les peuples civilisés, en Europe comme en Amérique, professent cette doctrine; elle ne trouve aucun contradicteur; mais, en même temps que l'idée de justice en matière de répartition de l'impôt a conquis le monde civilisé, les peuples modernes se sont montrés soucieux des moyens de perception des taxes, et ils ont voulu que l'impôt fût prélevé sans inquisition et sans arbitraire. Toute la science financière de nos jours consiste à rechercher les signes apparents de la richesse, et l'on peut dire que tous les progrès à réaliser dans l'avenir consisteront à frapper de plus en plus les choses et de moins en moins les personnes ; l'impôt tend à devenir de plus en plus réel et de moins en moins personnel. On attache avec raison un tel prix à ne pas recourir à l'inquisition pour la perception de l'impôt qu'on va jusqu'à violer le principe de l'égalité plutôt que d'employer des moyens inquisitoriaux. Je n'en citerai qu'un exemple, mais il est concluant. Les bénéfices commerciaux des entreprises en actions sont frappés d'un impôt de 3 0/0 sur le revenu ; les mêmes bénéfices en sont exemptés quand les entreprises ne publient pas leurs inventaires, et pourtant ce sont les personnes les moins riches qui possèdent les actions.

Ainsi, la doctrine universellement admise en matière d'impôt peut se résumer en quelques mots : l'impôt doit être proportionnel et ne pas frapper les nécessités de la vie ; il ne doit être ni inquisitorial ni arbitraire. Tel est l'impôt sur le revenu que le monde civilisé proclame et applique.

Tandis que le monde entier marche dans la même voie, une école enseigne que le capital et son revenu sont les adversaires les plus redoutables des travailleurs et la principale cause de la misère du grand nombre. On ne saurait trop, suivant elle, faire la guerre à ceux qui possèdent; toute atteinte portée au capital semble un profit pour les prolétaires. L'état sauvage, où il n'y a ni capital, ni revenu, ni propriété, paraît à ces sectaires un idéal qu'il faut réaliser, un paradis terrestre qu'il faut retrouver. L'impôt n'est que la rançon payée par le capitaliste à ceux qu'il a dépouillés. Le mode de perception des taxes préféré par ces novateurs n'est pas moins ingénieux; leur prédilection est pour l'inquisition. Ces réformateurs ont remonté le cours des âges, et ils nous présente comme un progrès ce qui a été le début de l'humanité.

La philosophie de l'impôt, tel que le conçoivent ces amis du peuple, nous a été exposée récemment à la Chambre des députés : il ne s'agit que d'établir un droit de statistique pour dresser la liste des riches. Dorénavant, à côté des casiers judiciaires qui font connaître les malfaiteurs, il y aura d'autres casiers qui feront connaître les capitalistes. On déportera les premiers en cas de récidive et on rançonnera les seconds pour les besoins budgétaires. Les riches formeront une catégorie à part comme les condamnés : les premiers sont les auteurs de la misère et les seconds des crimes.

Avant d'indiquer les conséquences du défaut d'équilibre dans le budget, je veux signaler la cause à laquelle il faut attribuer les travaux publics improductifs qui nous appauvrissent, aussi bien que les déclamations qui nous divisent et nous paralysent. Les uns et les autres ont une même origine : la préoccupation électorale. Les candidats croient que, pour assurer leur élection dans les campagnes, il faut promettre et donner des chemins de fer coûteux et sans trafic. Les candidats dans les grandes villes croient faire leur cour au grand nombre en menaçant les riches. La préoccupation électorale les entraîne tous à sacrifier l'intérêt national. Les courtisans des princes ont perdu les dynasties; les courtisans des peuples perdront les nations, si le nouveau souverain, mieux avisé que ses prédécesseurs, ne sait pas refuser ses suffrages à ceux qui le flattent en l'égarant.

Voyons maintenant les résultats d'une bonne et d'une mauvaise gestion des finances de l'Etat. Chaque jour la signature de chaque Etat se cote à la Bourse. Interrogeons les cours des fonds publics, et nous saurons exactement dans quelle mesure le crédit de chaque nation a grandi ou s'est affaibli.

De 1874 à 1880, la France a vu son crédit constamment s'élever. Le 3 0/0 se cotait à 60 fr. en 1874, au lendemain des grands emprunts de 15 milliards.

En 1880, il était à 84. Depuis lors, il a fléchi. Nous le retrouvons aujourd'hui à 82 fr. Il n'y aurait rien à conclure de cette réaction si le même mouvement s'était produit dans les cours des autres fonds d'Etat; elle s'expliquerait alors par des causes étrangères à la situation de notre budget et communes à plusieurs pays. Mais que sont devenus, dans la même période, les cours des fonds publics des autres nations? Le 3 0/0 anglais, menacé chaque jour par la conversion, n'a pu s'élever beaucoup au-dessus du pair. Il était à 97 en 1880. Il se cote aujourd'hui à 101. Le 4 0/0 prussien valait 99 en 1880, le 3 1/2 est à 102. Le 5 0/0 russe était à 85 en 1880, il se cote 97. Le 4 0/0 autrichien était à 74 en 1880, nous le retrouvons aujourd'hui à 91. Le 5 0/0 italien se cotait 83 en 1880, il est à 101. Le 4 0/0 des Etats-Unis se cotait 110 en 1880, il vaut 132. Si nous examinons ce que sont devenus les fonds des petits Etats, tels que la Belgique, la Hollande, nous trouvons le même mouvement de progression. Le 3 0/0 belge, qui était en 1880 à 84, exactement au même prix que le 3 0/0 français, vaut aujourd'hui 95; le 3 0/0 hollandais, qui était à 78 en 1880, se cote 89. Nous pourrions continuer cette nomenclature, et l'on trouverait partout les mêmes résultats. Il ressort de tous les faits constatés dans le monde entier, auprès des grandes puissances comme auprès des petits Etats, que de 1880 à 1886 toutes les nations ont vu leur crédit grandir. La France seule fait exception. Tandis que sa Rente a baissé de 2 0/0, les fonds publics des autres nations ont augmenté de

15 0/0, et la progression a été presque partout la même. Si le gouvernement français n'avait pas commis les erreurs que j'ai signalées, notre 3 0/0 aurait suivi la marche des autres fonds et serait coté au moins à 96 francs au lieu de 82. Cette dépréciation de 14 francs est l'œuvre exclusive du gouvernement.

Les rentiers, les capitalistes, tous ceux dont les titres sont cotés à la Bourse ont le droit de dire : Si les affaires de la France avaient été conduites comme celles de toutes les autres puissances, on ne verrait pas les prix de nos valeurs dépréciés d'au moins un sixième, et, comme la fortune mobilière représente environ 50 milliards, c'est environ 8 milliards qu'une gestion imprévoyante a fait perdre en six ans à la nation.

Le sort des propriétaires fonciers est encore plus malheureux. Tout le monde se préoccupe à juste titre de la crise agricole, de l'abaissement du prix des fermages, de l'avilissement du prix de la terre ; chacun cherche un remède : aucun ne sera aussi énergique que le rétablissement de l'équilibre du budget. Que l'Etat cesse d'emprunter 700 millions par an, et l'on verra aussitôt les capitaux en quête d'emploi refluer vers la terre, en augmenter le prix et lui fournir à bon marché l'argent nécessaire aux améliorations agricoles ; le capital foncier représente plus de 100 milliards ; nous avons vu que la gestion du gouvernement avait diminué d'au moins un sixième le taux des valeurs. C'est donc une dépréciation de 20 milliards en six ans pour la terre.

N'est-ce vraiment pas trop d'avoir appauvri notre pays de 30 milliards en six ans ?

On parlait naguère de créer des logements à bon marché ; il y a un moyen bien simple de diminuer d'un sixième le prix des loyers : c'est de ne pas faire renchérir par les emprunts d'Etat d'un sixième le loyer des capitaux.

Il y a un intérêt qui domine celui des rentiers, des capitalistes, des propriétaires fonciers : c'est l'intérêt du grand nombre qui n'a pour vivre que son salaire quotidien ; eh bien, c'est le grand nombre qui souffre le plus de la mauvaise gestion financière ; il ne voit pas seulement son salaire réduit, parce que, dans le partage des produits, sa rétribution est diminuée de tout ce que l'élévation du loyer du capital lui enlève, mais il supporte les conséquences du ralentissement des affaires, qui amène une réduction dans le nombre des ouvriers ; il subit donc un double dommage, et en regard de ses souffrances, il a le droit de se demander ce qu'on a fait pour l'amélioration de son sort. Il se tient jusqu'à ce jour à l'écart des fauteurs de grève et des déclamateurs de clubs, mais il n'est pas prudent de mettre sa sagesse à une trop longue épreuve.

Il n'est que temps de couper court aux prodigalités de ces dernières années et de permettre au pays de reprendre son essor. Plus on étudie la France, plus on est émerveillé de ses ressources. Pour qu'elle sorte victorieuse des luttes industrielles comme de la guerre, il ne lui manque qu'un gouvernement défendant l'intérêt national.

Grande Imprimerie, rue du Croissant, 19. — J. Cusset.

www.ingramcontent.com/pod-product-compliance
Lightning Source LLC
Chambersburg PA
CBHW050014070726
47598CB00014B/1404